Ch. GRAVELLE

LA VALEUR DU CAMBODGE

ETUDE ÉCONOMIQUE

PHNOM-PENH

IMPRIMERIE DU PROTECTORAT

1915.

CH. GRAVELLE

LA VALEUR DU CAMBODGE

ÉTUDE ÉCONOMIQUE

PHNOM-PENH

IMPRIMERIE DU PROTECTORAT

—

1915.

LA VALEUR DU CAMBODGE

L'essor commercial d'un pays, tous ses progrès économiques, sont évidemment liés à sa réputation à l'extérieur, à la connaissance exacte que l'on a de ses ressources. Or, on ignore à tel point le Cambodge, en Indochine même, et à plus forte raison en France et à l'étranger, qu'on est en droit de le négliger, sinon même de le mépriser.

Il y a trop longtemps que je proteste contre un pareil état de choses pour ne pas saisir toute occasion de le signaler une fois de plus. L'Administration de ce pays peut seule obtenir que sa personnalité se dégage et s'affirme enfin. Tous les moyens de redressement de la vérité sont à employer sans relâche pour mettre fin à l'escamotage statistique dont nous souffrons. Toutes les publications les plus sérieuses, les plus attentives — je veux dire officielles — font ressortir pour nous des chiffres dérisoires, humiliants. Il est urgent que cela cesse, et que le départage des mérites respectifs soit obtenu. Autrement, pourquoi parler d'un essor commercial quelconque, d'industries à créer ou à développer? La confiance et les capitaux ne viendront pas dans une contrée dont on voit les moyens mesurés par de pareils chiffres. Nous avons des bases d'action, des chances de progrès. Montrons-les, cessons de nous résigner à l'effacement, à une modestie dont personne ne nous sait gré et qui nous cause un si grand tort. De ce que cet état des choses dure depuis longtemps, il ne faut pas conclure qu'il est respectable. La durée trentenaire d'une injustice ne la rend pas sacrée et consacrée. Il n'y a pas prescription.

Je vais demander des exemples, et des preuves, à trois sortes de documents qu'on peut considérer comme faisant foi auprès du public studieux:

Le Rapport douanier sur le commerce de l'Indochine en 1913;

l'Atlas de Chabert et Gallois (1909);

l'Essai d'Atlas statistique de M. Brenier (1914).

Ce dernier ouvrage, seul, laisse transparaître, charitablement, la valeur du Cambodge, à condition toutefois qu'on en ait le sentiment déjà.

* * *

Le *Bulletin Économique* de l'Indochine (nº 109 — juillet-août 1914) — publie le mouvement commercial de 1913, et j'y relève, dans les attributions de plus-value, par rapport à 1912:

	Francs.	
Pour la Cochinchine....	35.194.630 00	(importations);
	93.709.910 00	(exportations);
Pour l'Annam.........	2.465.117 00	(importations);
	388.151 00	(exportations);
Pour le Cambodge......	1.167.147 00	(importations);
	620.469 00	(exportations).

On inscrit pour les sorties vers France et les colonies une augmentation de 31.330.507 francs justifiée comme suit:

	Francs.
Pour la Cochinchine...................	34.060.647 00
Pour l'Annam.....................	549.273 00
Pour le Cambodge..................	3.138 00

à réduire 3.282.551 francs de moins-value du fait du Tonkin.

Or, les exportations de riz dans le chiffre d'augmentation ci-dessus, cochinchinois, de 34.060.647 piastres, comptent pour 19.119.289 francs (il ne s'agit que de la France).

Et, d'après mes évaluations, 6 millions de francs, de ces 19 millions, sont à l'actif du Cambodge auquel on accorde 3.000 francs.

En ce qui concerne l'étranger, on fait ressortir pour les exportations une valeur de 204.844.350 francs dépassant de 53.958.747 francs les résultats de 1912.

Les riz seuls atteignent: 132.777.958 francs avec progrès de 44.183.677 francs.

La Cochinchine s'inscrit dans ces plus-values	Francs.
pour...........................	59.649.261 00
l'Annam pour.....................	1.527.693 00

	Piastres.
Tandis que le Tonkin est en dégression de.	6.594.602 00
et le *Cambodge* de..................	625.605 00

nous voilà au-dessous de zéro.

Je montrerai, en ce qui nous concerne, que des statistiques ne peuvent pas être *inconsciemment* plus injustes et plus décevantes, plus pernicieuses et plus méchantes aussi.

Il suffit de reprendre, *comme de notre pays* exclusivement, les chiffres annoncés, comme principales sorties vers Hong-Kong, en ce qui concerne:

	Francs.		
Le coton en laine....	2.381.533 00		
Le coton non égrené..	1.686.847 00		
Les peaux préparées...	3.000.000 00	sur	6.278.970 00
Les peaux brutes.....	800.000 00	sur	1.703.600 00
Les poissons secs, salés	1.941.907 00		

Personne ne peut mettre en doute que le Cambodge est le producteur exclusif du coton et des poissons salés. En ce qui concerne les peaux, je suis très prudent et modéré en ne lui attribuant que la moitié du total.

Voila donc déjà 9 millions de francs retrouvés pour notre pays et pour ses mérites personnels.

Mais il ne s'agit là que de Hong-Kong. Les tableaux complets vont nous donner des bases plus larges, portant sur l'ensemble des sorties.

Je trouve alors:

	Francs.	Francs.	
Poissons secs, salés ou fumés....	»	11.865.519 00	Et cela est tout au Cambodge, car l'Annam produit des saumures consommées en Indo-chine surtout.
Poivres.........	»	450.000 00	Sont attribuables au Cambodge (4/5e).
Amomes........	399.000 00	250.000 00	Au Cambodge.
Cotons en laine...	»	2.627.364 00	do
Cotons non égrenés	»	1.724.149 00	do
Peaux tannées...	961.455 00	500.000 00	do
Peaux corroyées..	5.478.669 00	2.500.000 00	do
Peaux brutes.....	643.297 00	300.000 00	do
Bœufs et buffles..	216.000 00	200.000 00	do
Graisses de poissons..........	»	21.756 00	do
Amomes et carda-momes sauvages.	386.578 00	300.000 00	do
		20.738.785 00	

Le rapport officiel des Douanes fait cependant, il faut le dire, au Cambodge l'honneur d'un tableau spécial pour ses bovidés, indiquant le maximum de 33.751 têtes pour les sorties de 1911, avec descente à 10.850 pour 1913.

En ce qui concerne les poissons secs et salés la quantité exportée (et qu'on peut attribuer au Cambodge) atteignait 29.664 tonnes en 1913.

Nous voici parvenus au tableau des *Riz et leurs dérivés*.

Il attribue, pour 1913, la répartition suivante à la sortie totale de 1.286.804 tonnes, d'une valeur de 176.300.000 francs.

	Tonnes.	Francs.
Cochinchine....	1.173.559	160.009.924 00
Tonkin........	101.239	14.891.046 00
Annam........	11.795	1.445.312 00
Cambodge	211	20.993 00
	1.286.804	176.367.275 00

Deux cent onze tonnes: 20.993 francs!

Voici la mesure de l'expansion rizière qu'on nous accorde, en ajoutant, il est vrai:

« Les envois du Cambodge se faisant par la voie de la Cochinchine, *il est impossible* de déterminer avec une précision suffisante l'importance des transactions de ce pays ».

"Impossible", (qui d'ailleurs "n'est pas français"), est bien vite écrit. Mais c'est un mot que nous ne devons pas accepter plus longtemps, alors que, depuis des années, les recettes budgétaires du Cambodge offrent, en ce qui concerne les riz, une base mathématique aux évaluations les plus certaines.

Les rentrées d'impôt de ce seul chef n'ont cessé de s'accroître, (ainsi d'ailleurs que pour les pêcheries). Les brochures de tous nos budgets, dans leurs compléments explicatifs, nous fournissent les bases des calculs, indiquent des exemptions pour les petites cultures ne dépassant pas 20 mesures (soit 10 piculs, le picul étant de 60 kilos). On constate alors qu'on peut admettre la taxe moyenne de 0$04 par mesure, soit 0$08 par picul payant l'impôt. De cette façon la division par 0$08 du total encaissé *réellement* par l'Administration nous donnera la quantité, en piculs de 60 kilos, qui peut être considérée comme la production rizicole du Cambodge. Nous négligeons volontairement toutes les petites récoltes exonérées, ce qui rectifie suffisamment le diviseur moyen adopté.

Or, les recettes de l'impôt, recettes effectuées, ont été, en 1914, de 1.240.000 piastres. Cela donne en quantités (piculs) 15.510.000 piculs de paddy et, en tonnes de 1.000 kilos, 930.000 tonnes.

La population du Cambodge peut être évaluée à 1.600.000 habitants. Admettons une consommation journalière de paddy de 600 grammes (environ un demi-kilo en riz) par personne et par jour, ce qui est suffisant dans un pays où les ressources naturelles et la polyculture secondent l'alimentation. Les vieillards, les enfants sont encore ainsi mis au même niveau alimentaire que les adultes. 960.000 kilos de paddy par jour donnent 960.000 × 365, soit 350.000 tonnes pour la consommation d'une année entière.

Réservons en plus 20.000 tonnes de paddy pour les besoins des distilleries, 10.000 tonnes encore utilisées pour les animaux, en tenant un compte réduit de nos pâturages (que la Cochinchine n'a pas), enfin 50.000 tonnes pour les semences.

Nous voici devant une consommation globale de 430.000 tonnes pour le Cambodge.

Il est évident que tout ce qui, dans notre production, excède ce chiffre, représente la quantité exportée et que les statistiques attribuent à la Cochinchine, en dehors toutefois des 211 tonnes qu'on a bien voulu nous réserver sans conteste.

Nous trouvons alors en paddys (1914) 500.000 tonnes disponibles pour le commerce extérieur, et en riz, farines et brisures (15% de réduction pour la balle) 425.000 tonnes, correspondant à une sortie cochinchinoise de 1.275.000 tonnes. Ces chiffres établissent comme une *vérité constante,* (étant donné pour les deux pays le parallélisme des saisons et des récoltes), que le Cambodge apporte à la Cochinchine, (consommatrice elle même, d'après moi, de 800.000 tonnes de ses propres paddys), le tiers des chiffres annuels d'exportation que le public accorde au seul effort de notre voisine et à son mérite exclusif.

Il ne s'agit pas d'hypothèses, ni de difficultés vaincues pour établir les chiffres ci-dessus, qui sont *un fait,* ni cette proportion du tiers qui apparaît comme une loi permanente. L'ignorance, la méconnaissance de cette situation nous causent un tort incalculable.

Des Chinois capitalistes, de Singapore ou de Hong-Kong, ont voulu s'occuper de doter le Cambodge d'une rizerie (100.000 tonnes de paddys alimentent une telle usine). Les gens de Cholon ont arrêté ces bons vouloirs en route, en leur disant: « N'y allez pas, le riz manque pour telle entreprise » (Et en effet, 211 tonnes!)

Les Ministres, les Gouverneurs généraux songent à de grands travaux, à des chemins de fer, à des attributions d'emprunt. Ils s'inquiètent de la valeur économique respective des cinq pays. Le Cambodge? 211 tonnes!

Des armateurs, des négociants, plus entreprenants que les nôtres actuels, ont l'idée vague de profiter de notre port ouvert aux bateaux étrangers pour des emports directs à l'extérieur vers Singapore et Hong-Kong. Quels frêts? Quelles chances de succès? 211 tonnes!
211 tonnes alors que le chiffre exact est arrivé en 1914 à:

500.000 tonnes en paddys, 425.000 tonnes en riz (montants à peu près égaux à ceux de 1913). Il faut encore ajouter (exportations à peu près stables):

30.000 tonnes de poissons;
9.000 tonnes de cotons égrenés ou non;
20.000 tonnes (sinon davantage) de maïs;
10.000 tonnes de divers (peaux, bois, graisses de poissons, etc..) et j'ai négligé 3.000 à 4.000 tonnes de poivres, aussi des bœufs et buffles; enfin les plumes précieuses (aigrettes, marabouts, oiseaux rares), dont la valeur est appréciable.

Les 20.000 tonnes de maïs que j'ai mentionnées ci-dessus, comme une moyenne (car le Cambodge peut donner, en bonne année, bien davantage), auraient, au tarif de la Douane, une valeur de 2.400.000 francs.

Pour le maïs, le tableau du rapport officiel ne nous accorde que des astérisques — le néant! — à côté des 73.000 tonnes de la Cochinchine et des 53.000 du Tonkin (1913).

En reprenant tous les chiffres en francs, donnés par moi dans cette étude, nous aurons devant nous la valeur "douanière" de notre exportation totale (la valeur réelle, commerciale, diffère):

20.738.000 fr. 00 Produits divers (dont le détail plus haut).

53.000.000 00 Riz en 1912} Tiers du chiffre attribué à la 25 millions} seule Cochinchine en 1913 (et ce chiffre fait plus que doubler celui de 1912).

2.400.000 00 Maïs.

76.138.000 00 (1913-1914). Ces totaux, de 76, ou de 48 millions (1912), en raison des omissions que j'ai volontairement faites, sont plutôt au-dessous de la vérité.

En bonne année normale le Cambodge, en face de la Cochinchine peut donc valoir 75 millions de francs: on mesure ainsi ce qu'il reprend à sa voisine sur les totaux énormes attribués à celle-ci, et qui deviennent pour elle un leurre dangereux sans doute, car il n'est pas bon de se croire plus riche que la réalité.

Je demande que soit affirmée enfin partout, dans l'intérêt bien compris de chacun, cette vérité, que l'activité plus ou moins grande d'un port, Saïgon, n'est pas la mesure du mérite exclusif d'un pays, la *Cochinchine*. Celle-ci est bien assez riche et glorieuse par elle même pour se passer de semblables usurpations. En continuant d'ailleurs à notre égard son monopole d'étouffement — dont elle est redevable à l'Administration douanière plutôt qu'à son propre effort — elle arrête, contrarie la mise en valeur, donc l'enrichissement de nos indigènes. Et, pour les asiatiques, fortune meilleure signifie dépense immédiate plus grande, donc puissance d'achat plus marquée des produits importés. Or, rien n'empêche les maisons de Saïgon, aussi des Chinois venus de Cholon, d'être, avant tous autres, nos fournisseurs et marchands s'ils cessent, pour partie, d'être nos acheteurs. Je ne crois pas qu'il soit exagéré de dire, après les constatations faites pour nos exports, que le Cambodge est capable d'acheter, et doit recevoir à peu près, pour 25 millions de francs de produits importés de France, de Chine et de l'étranger.

Notre commerce dans les deux sens vaudrait alors environ cent millions, dans les meilleures années. Nous sommes loin des symboliques 211 tonnes de riz valant 20.000 francs!

Je ne peux omettre enfin d'insister sur l'encouragement puissant que trouverait l'indigène, (qu'il s'agisse de riz, de poissons, de maïs, de cotons, de bois, de peaux, ou d'un produit quelconque), dans l'emport direct, et tellement plus économique, vers l'étranger, à Phnôm-Penh même. Ce progrès est lié, pour partie, à l'établissement au moins d'une rizerie: les cultivateurs vendeurs de paddys pourraient alors bénéficier de la majeure partie des 0$20 par picul qui vont actuellement aux intermédiaires, aux transitaires vers Cholon et aux voleurs en cours de route. L'extension des cultures se trouverait grandement encouragée, pour le profit encore des recettes budgétaires, et la facilité par conséquent des travaux publics (routes, digues, canaux, irrigations, colmatages).

Je ne veux pas, avant de clore ce chapitre, négliger l'aspect fiscal des choses en ce qui concerne les riz. Des droits sont perçus à Saïgon de sortie (représentatifs de l'impôt foncier) et de douane, pour le Budget général; d'outillage pour le Port et pour la Chambre de Commerce; enfin de statistique qui sont encore, si je ne me trompe, au profit du Budget général.

Les droits de sortie surtout intéressent le Cambodge, puisqu'ils apparaissent comme un cadeau, mal justifié, au Budget général. La Cochinchine a pour elle les droits de port, et cela ne doit pas l'inciter à seconder notre émancipation commerciale. J'admets d'ailleurs qu'on n'aurait pas, le cas échéant, à nous rendre tout ce qu'on nous prend ainsi. Si l'on veut nous faire payer le passage dans le port et son usage, le droit d'outillage correspond justement à pareille charge. La vérité des situations une fois rétablie n'en contribuerait pas moins à précipiter l'activité directe de notre port de Phnôm-Penh: La "statistique", qui n'est à présent pour nous qu'une amère dérision, serait remplacée par un droit analogue, perçu ici, par la Douane. Et quant à la "taxe représentative d'impôt foncier", comme elle fait double emploi au Cambodge, davantage qu'ailleurs, le Gouvernement général pourrait peut-être renoncer à pareille recette en ce qui nous concerne. Ce serait un encouragement aux producteurs, aux exportateurs, donc un progrès général laissant finalement à notre Budget des ressources accrues sensiblement.

Considérons, d'après le tableau du mouvement des riz que donne le rapport douanier, les deux années 1912 et 1913, et les profits qu'elles ont laissés pour les différentes taxes.

En 1912, sur une sortie totale d'Indochine de 817.174 tonnes de riz, la Cochinchine a marqué pour elle-même 551.415 tonnes, le Tonkin participant pour 254.338 tonnes, l'Annam pour 11.421 tonnes et le Cambodge pour "néant" (toujours d'après le rapport officiel).

En 1913: 1.286.804 tonnes au total laissant:

1.173.559	—	à la Cochinchine ;
101.239	—	au Tonkin ;
11.795	—	à l'Annam ;
211	—	au Cambodge.

En ce qui concerne les pays destinataires, les exportations de riz se subdivisent comme suit pour l'Indochine :

1912:	175.272 tonnes vers	France	} 817.174 tonnes.
	641.902 —	Étranger	
1913:	314.389 —	France	} 1.286.804 tonnes.
	975.415 —	Étranger	

La part pour les sorties de Cochinchine a été, nous l'avons vu, de :

551.415 tonnes en 1912, soit les 2/3 de l'ensemble ;
1.173.559 tonnes en 1913, soit plus des 9/10e de l'ensemble.

Une telle prépondérance permet, à défaut d'indications plus précises, d'admettre comme exacts, pour la Cochinchine, les chiffres (France et étranger) calculés d'après ces proportions sur le tableau du rapport douanier (pages 443, 444 du Bulletin).

Nous aurons alors pour 1912 :

	France.		Étranger.	
Paddy.........	600	tonnes.	6.224	tonnes.
Cargo	25.500	—	17.656	—
Brisures	18.000	—	5.300	—
Farines........	200	—	50.800	—
Riz blanc......	79.180	—	347.955	—
	123.480	—	427.935	—

1913, calculé de même, donne (en attribuant à la Cochinchine plus des 9/10e de l'ensemble):

	France.		Étranger.	
Paddy.........	1.600	tonnes.	3.750	tonnes.
Cargo.........	26.700	—	20.450	—
Brisures.......	63.450	—	15.200	—
Farines........	700	—	137.800	—
Riz blanc......	191.550	—	712.359	—
	284.000	—	889.559	—

Il est possible à présent d'établir le montant des taxes diverses que la Cochinchine a réglées pour ses sorties de 1912 et 1913 :

Taxes représentatives de l'impôt foncier.

	1912.		1913.	
A 0 $ 12 les 100 kilos sur *paddy et riz* cargo.	37.800 $ 00	France;	33.900 $ 00	France;
	28.600 00	Étranger.	29.000 00	Étranger.
Brisures à 0 $ 09 les 100 kilos.............	16.200 00	France;	57.200 00	France;
	4.770 00	Étranger.	13.600 00	Étranger.
Farines à 0 $ 06 les 100 kilos.............	120 00	France;	400 00	France;
	30.480 00	Étranger.	82.700 00	Étranger.
Riz blanc à 0 $ 19 les 100 kilos.............	150.500 00	France;	363.945 00	France;
	660.000 00	Étranger.	1.353.500 00	Étranger.
	928.470 $ 00		1.934.245 $ 00	

Droits de Douane

Étranger

Paddys à 0 fr. 76 les 100 kilos (la piastre à 2 fr. 40).............	18.458 $ 00		12.391 $ 00 (à 2 fr. 30).	
A reporter....	18.158 $ 00		12.391 $ 00 (à 2 fr. 30).	

Report........	18.458 $ 00	12.391 $ 00 (à 2 fr. 30)
Riz cargo à moins de 33 % de paddy à 0 fr. 42 les 100 kilos (la piastre à 2 fr. 40)...........	30.900 00	37.343 00
Brisures et farines à 0 $ 03 par 100 kilos...	16.830 00	45.900 00
Riz blanc à 0 $ 32 les 100 kilos (la piastre à 2 fr. 40).............	463.940 00	991.110 00
	530.128 $ 00	1.086.744 $ 00

Taxe temporaire pour la Chambre de Commerce et le Port
(décret de 1911)

0 $ 02 par 100 kilos de riz cargo ou blanc pour toutes destinations.....	94.058 $ 00	France et étranger	190.200 $ 00
0 $ 01 par 100 kilos de paddy ou farine (brisures exemples)...........	5.782 00	France et étranger	14.385 00
	99.840 $ 00		204.585 $ 00

Droit de statistique 0 fr. 10 par toute tonne exportée (la piastre à 2 fr. 40).............	(la piastre à 2 fr. 30) sur 551.415 tonnes : 22.975 $ 00	sur 1.173.559 tonnes 51.024 $ 00

RÉCAPITULATION

Taxe représentative de l'impôt foncier.	928.470 $ 00	1.934.245 $ 00
Droits de Douane..................	530.128 00	1.086.744 00
Taxe Chambre de Commerce et Port..	99.840 00	204.585 00
Droit de statistique.................	22.975 00	51.024 00
	1.581.413 $ 00	3.276.598 $ 00

En nous reportant à la *base du tiers,* comme contribution du Cambodge dans la sortie de la Cochinchine, en réduisant même encore un peu les chiffres par prudence, et pour tenir compte des approximations imposées à ce travail, il nous est facile à présent de déterminer la valeur de ce qu'on nous prend, sans raison valable, pour le budget voisin, et de ce que nous apportons au Budget général.

	Piastres.
En 1912............................	300.000 00
En 1913............................	600.000 00

(et 1914 a égalé sensiblement, sinon surpassé 1913) prélevées comme droits représentatifs d'impôt foncier, sont notre cadeau, trop inconscient, au Budget général de l'Indochine et n'oublions pas que nos riz ont supporté déjà ici l'impôt foncier).

Nous donnons:

30.000 piastres (1912) et 60.000 piastres à la Chambre de Commerce, en reconnaissance de l'usage du port de Saïgon, dont nous pourrions nous passer.

La statistique nous coûte encore 6.000 piastres (1912) et 15.000 piastres (1913). Enfin le Budget général, par les droits de douane, reçoit encore de nous, sans s'en douter:

	Piastres.
En 1912	175.000 00
En 1913	350.000 00

Le total de tous les chiffres di-dessus, lesquels ont été pris au-dessous encore du tiers possible, se monte à:

511.000 piastres pour 1912 (le tiers exact était 527.000 piastres);
1.025.000 piastres pour 1913 (que 1914 doit égaler sensiblement (le tiers exact était 1.092.000 piastres).

L'étude, facile à réaliser, des Budgets indochinois donnerait le contrôle et, au besoin, la rectification de mes évaluations, évidemment moins précises et formelles que je n'aurais voulu. Les ténèbres qui enveloppent notre pays se déchirent difficilement, et je laisse quelque chose à faire aux bons vouloirs qui s'exerceront après moi.

Je me rappelle toutefois, et je veux consigner ici, deux souvenirs remontant à plus de quinze années:

1o L'affirmation de M. Rolland, alors président de la Chambre de Commerce de Saïgon, que l'apport habituel du Cambodge s'élevait dès cette époque au tiers des sorties de riz constatées au nom de la seule Cochinchine;

2o Les démarches faites par M. Jeannerat, Chef du Cabinet de M. de Verneville, Résident supérieur, pour obtenir une meilleure justice.

Ce doit être à cette époque qu'est intervenu l'arrêté (21 mars 1893) supprimant toute barrière douanière entre la Cochinchine et le Cambodge. Celui-ci renonçant à percevoir lui-même, comme par le passé, des droits de sortie sur les paddys, recevait de la Cochinchine, pour le Trésor du royaume, une quote-part de 7 1/4 % des recettes brutes encaissées par les Douanes et Régies. Et ce pourcentage, le 1er janvier 1896, passait à 10 %.

Les riz venus du Siam, c'est-à-dire de la région Battambang-Mongkolborey, bénéficiaient alors de l'admission temporaire et n'intervenaient pas dans le calcul de proportion ci-dessus. (Cela aurait valu environ 5 % de mieux). Depuis, en 1898, s'inaugurait le Budget général, institué par M. Doumer, et alimenté par les taxes de douanes et par les recettes indirectes. Il ne pouvait dès lors plus être question de partage ni de ristourne, mais seulement de subventions, laissées à l'appréciation généreuse du pouvoir central. Et le Cambodge est resté longtemps sans bénéficier de telles libéralités, qui semblent s'inaugurer seulement maintenant d'appréciable manière (628.900 piastres pour 1915) applicables à de grands travaux.

* * *

Les considérations qui précèdent étaient redigées quand j'ai eu l'occasion d'étudier la brochure du Budget général de 1915. J'y relève, dans la note préliminaire des "Recettes", les chiffres suivants:

Taxe à la sortie des riz:

	Piastres.
1907 (année maxima)....................	2.213.312 00
1911.................................	1.403.174 00
1912.................................	1.409.968 00
1913.................................	2.115.185 00
1914 (prévisions)......................	1.406.000 00

Mes calculs m'avaient fait trouver pour les mêmes recettes, en Cochinchine:

	Piastres.
En 1912.............................	928.470 00
En 1913.............................	1.934.245 00

Je suis donc fort au-dessous de la réalité, mais il faut tenir compte, sans doute aussi, des sorties de riz et paddys du Tonkin (254.338 tonnes en 1912 — 101.239 tonnes en 1913) qui doivent être soumis à la même taxe.

En tout cas, l'élévation des recettes ainsi constatée ne pourrait que grandir la part proportionnelle du Cambodge et lui faire dépasser les chiffres de 300.000 piastres (1912) et 600.000 piastres (1913) que j'ai cru pouvoir lui attribuer, (400.000 piastres et 700.000 piastres apparaîtraient ainsi possibles).

Au chapitre commerce intérieur, *Cambodge,* le rapport douanier accorde au Cambodge:

En 1912: 22.458.000 francs contre 57 millions Cochinchine.
73 — 1/2 Tonkin.
66 — Annam.
En 1913: 26.165.000 francs contre 57 — Cochinchine.
74 — Tonkin.
70 — Annam.

Il n'est pas possible, ni admissible, que ces chiffres, d'environ 25 millions de francs annuels, marquent notre entière valeur. Pour une raison qui m'échappe, ils sont grandement illusoires. Et je n'en veux pour preuve que le fait que nos seules sorties de paddys de Battambang (60.000 tonnes et parfois davantage) valent déjà plus de 5 millions 1/2 de francs. (Nous avons vu que c'est le dixième, à peu près, dans les bonnes années, de la récolte cambodgienne exportée).

Enfin, je n'ai pas tenu compte, dans mes évaluations de notre commerce, en m'occupant alors que de l'étranger, de nos envois de bœufs continuels et importants (on peut dire 10 à 12.000 par an) à la Cochinchine, qui les consomme. Cela peut valoir encore un million de francs.

Notre voisine nous prend encore, pour sa consommation, des poissons frais (venus surtout de Takéo), des volailles, des bois, sans doute du tabac, du kapok et des légumes secs. J'ai négligé volontairement tout cela, dont le total serait difficile à établir. Et les chiffres que j'ai indiqués pour notre commerce hors le territoire s'en trouvent réconfortés.

On nous contestera peut-être, pour en attribuer une partie à l'Annam, les 11.800.000 francs de poissons secs et salés que j'ai retenus pour le Cambodge. Il est certain que si toute la sortie vers l'étranger n'est pas à nous (et je pense qu'il s'en faut de peu) les quantités arrêtées en Cochinchine comblent et au delà cette différence. L'industrie des pêcheries, qui donne au Protectorat maintenant 505.000 piastres de redevance, peut bien représenter commercialement un rendement dix fois supérieur, c'est-à-dire 11.615.000 francs (en comptant la piastre à 2 fr. 30). D'ailleurs, en prenant pour nous 11 800.000 francs de poissons secs, salés ou fumés, j'ai négligé 13.132.000 francs de pâtes de poissons et saumures figurant en plus au transit.

Pour le maïs, mes informations personnelles m'ont peut-être rendu trop généreux. J'accorde 20.000 tonnes à la moyenne. Il y a eu des rendements bien supérieurs. Mais on me dit que 1914 n'aurait produit que 14.000 tonnes (?)

Quand j'indique la quantité 600 grammes de paddy comme consommation journalière d'un Cambodgien (sans réduction pour les enfants et les vieillards), je suis d'accord avec les rations qu'on donne ordinairement aux coolies adultes, quand on a charge de leur nourriture. Nous sommes loin évidemment des 300 kilos, par habitant et par an, qu'on accorde aux Cochinchinois (environ 800 grammes par jour). C'est une moyenne assurément excessive, même pour un pays qui se nourrit bien. M. Coquerel (*Vade mecum* de la

Cochinchine, 1905) adopte 600 grammes de *riz* par tête et par jour et cela vaut, en paddy, 800 grammes environ. Les gens de Cochinchine, habituellement si maigres et si chétifs, profiteraient alors bien mal d'une telle suralimentation.

Toujours d'après le même auteur, qui est très consciencieux, un hectare de rizières réclame 70 kilos de semences (et cela fait 98.000 tonnes pour les 1.400.000 hectares de la Cochinchine en 1905). D'après cette base le Cambodge aurait retenu 43.400 tonnes de paddys pour ses 620.000 hectares d'autrefois, et réclamerait 56.000 tonnes à présent si l'on peut admettre une surface rizières de 800.000 hectares. Ce serait environ 10% de la quantité exportée (paddys) et la seizième partie (environ 6%) de la production totale en belle année comme 1914 (930.000 tonnes).

*   *

Je me réfère à présent à l'atlas Chabert et Gallois, édité à Hanoï en 1909, et qui est consciencieusement établi, constituant une véritable référence pour ceux qui étudient notre Extrême-Orient français. La planche III (Indochine économique) mentionne:

	Francs.
Du Cambodge vers France et colonies....	8.734 00 (0.03%),
— vers l'étranger.	930.000 00 (0.04%).

Dans la répartition de l'exportation du riz il est attribué à notre pays 668 tonnes, et 40.000 francs, sur un total de 1.428.000 tonnes et 153 millions.

Le quadrilatère qui marque cela pour nous, visuellement, se réduit à une simple barre, une pellicule. Et la Cochinchine s'épanouit auprès de nous avec 1.257.563 tonnes de riz valant 186 millions (là doit être une erreur, puisque le total de l'Indochine, 1.428.000 tonnes, est inscrit pour 153 millions).

Vers France, le commerce de notre heureuse voisine est évalué 30 millions de francs (14%), et vers l'étranger 13.200.000 francs (60%); on peut croire qu'un zéro est oublié dans ce dernier chiffre.

Tout ce que nous pouvons conclure c'est que cet atlas, en nous accordant 668 tonnes, est un peu plus charitable que le rapport Douane (211 tonnes!).

La planche XXI de l'atlas Chabert-Gallois (Cambodge économique) indique le chiffre de 3.590.000 comme moyenne du commerce avec la Cochinchine (1903 à 1906). (45% de ce total se réfère à notre exportation, 55% à notre importation. Et cela signifie — toute valeurs réservées — que les proportions entre les deux courants sont certainement prises à l'envers).

L'année 1906, dernière citée donne 2.865.000 francs pour nos exportations vers la Cochinchine; 2.213.000 francs pour les importations reçues d'elle et notre commerce intérieur (cabotage) en 1906 valait 4.367.000 francs. Donc 9.445.000 francs de trafic total pour le Cambodge.

De tels renseignements, dérisoires, marquent simplement leur origine douanière. Et il est évident que les auteurs de l'atlas, comme un Gouverneur général lui-même, ne pouvaient s'appuyer sur d'autres références que celles des statistiques officielles.

Il est bon de noter aussi qu'en 1906 les territoires de Battambang, Sisophon et Siemréap n'étaient pas réincorporés au Cambodge. (Ils valent 60.000 tonnes au moins d'exportation moyenne, annuelle, en paddy).

La planche VII (Cochinchine économique) marque en 1907 :

	Francs.
Exportation.......................	163.179.473 00
Importation.................	149.013 350 00
Total.........	312.192.823 00

Le total brut : 312.192.823 francs est supérieur au montant d'ensemble 281 millions qu'indique M. Brenier pour 1913. Il est vrai que 1907 était supérieur de 100 millions à 1906 (d'après l'atlas Gallois), donc une année exceptionnelle. Mais ce que cette planche VII nous montre peut-être de plus déconcertant, (de plus démonstratif aussi quant à l'oubli complet de nos mérites), c'est que la série des colonnes, de hauteurs variées, marquant les produits *entrés* par cabotage en Cochinchine, attribue à l'Annam *tous* les poissons secs, les pâtes de poissons et saumures, en plus de la chaux, du sucre, des légumes secs et des bois (et cela fait 56 % du total pour ce mouvement spécial). Le Cambodge n'obtient qu'une petite unique colonne ″ *poivre* ″ avec la mention ″ 9 % du total ″. Le Tonkin atteint 13 % et la Cochinchine, de port à port, fait 22 %. Le rapport douanier nous accorde cependant un commerce intérieur de 22 millions 1/2 en 1912, de 26 millions en 1913, tandis que cet atlas, pour 1906, attribue sous ce titre au Cambodge 4.367.000 francs.

* *
*

Que si maintenant nous examinons les indications fournies par M. Brenier dans le très estimable *Essai d'Atlas statistique* qu'il

vient de faire paraître, nous trouvons dans le fascicule 5 (l'Indochine économique) les indications suivantes pour le Cambodge
(1912-1913): 620.000 hectares de rizières sur 17.500.000 hectares
de superficie totale (4%) production de 620.000 tonnes en paddy
(dont 60.000 pour la région de Battambang):

Consommation de.............. 480.000 tonnes.
Exportation................... 154.000 —
Semences..................... 67.000 —
Alcool....................... 19.000 —

Tous les chiffres sont accompagnés de la mention prudente:
" simple estimation, sous toutes réserves ". (Il y a une erreur
d'impression puisque la production ressort à 720.000 tonnes).

M. Brenier ajoute que la surface rizières de 620.000 hectares
est peut-être évaluée trop faible, mais qu'elle est dûe à une estimation de M. l'administrateur Baudoin. (La culture du riz au
Cambodge: *Bulletin Économique* — mars-avril et mai-juin 1910).

Il est certain que M. le Résident supérieur Baudoin, après cinq
ans écoulés, avec tous les moyens de vérification dont il disposet
ne demandera pas mieux que de nous placer devant un chiffre
beaucoup plus important.

M. Brenier nous accorde bien 1.600.000 habitants pour
175.000 kilomètres carrés, ce qui me met d'accord avec lui, mais
il m'apparaît trop généreux de 130.000 tonnes, soit de 37%,
quand il fait consommer à ses habitants 480.000 tonnes.

Il compte les semences pour environ 1/10e de la récolte:
67.000 tonnes. J'ai pris la base à peu près du vingtième des
récoltes admises par moi, en laissant par ailleurs des marges suffi-
santes, je crois, pour compléter cette fourniture.

Aux trois millions d'habitants de la Cochinchine, produisant
1.993.000 tonnes de paddy, M. Brenier attribue 900.000 tonnes
pour leur nourriture. L'exportation garde 913.000 tonnes. Les
semences prennent 150.000 tonnes (ce n'est plus que 7 1/2% de la
récolte) et l'alcool 30.000 tonnes. Il y a l'annotation que ces
estimations, venues des Administrateurs, doivent être trop faibles.
En tout cas trop forte, comme pour le Cambodge, quoiqu'à un
degré moindre (vu la nature de l'alimentation), m'apparaît la
consommation évaluée à 900.000 tonnes.

600 grammes de paddy par jour et par tête donneraient
657.000 tonnes. En disant 800.000 tonnes on serait, je crois,
très large pour les Cochinchinois.

Les proportions, d'après l'atlas Brenier, rectifiées quant à la consommation, s'établiraient donc comme suit (1912-1913):

Cochinchine.	Cambodge
(1.504.000 hectares rizières)	(620.000 hectares en rizières)

Cochinchine.	Cambodge
Production. 1.993.000 tonnes.	Production... 720.000 tonnes.
Consommation. 800.000 —	Consommation. 350.000 —
Exportation. 1.013.000 —	Exportation... 300.000 —
Semences et	Semences..... 70.000 —
alcool.... 180.000 —	(50.000 semences et alcool 20.000).
	(J'ai corrigé et remplacé par 720.000 tonnes le chiffre "production" marqué à tort 620.000).

Le rapprochement ainsi fait nous donne bien une exportation égale sensiblement au tiers de celle de la Cochinchine, mais cela nous place encore au-dessous de mes évaluations, puisque, sur le total d'exportation, 1.313.000 tonnes des deux pays confondus, nous devons fournir mieux que le quart, un tiers complet suivant moi, soit 437.000 tonnes de paddys.

Ramenés du paddy au riz, ces deux derniers chiffres deviendraient (farines et brisures comprises): 1.116.050 tonnes, dont 276.450 tonnes pour la part du Cambodge (15% représentés par la balle des grains),

A dire vrai, outre la consommation beaucoup trop élevée, M. Brenier (une fois l'erreur de 100.000 corrigée) me semble avoir fort amoindri la production cambodgienne, sinon forcé par contre un peu la récolte cochinchinoise. Les proportions respectives se trouvent ainsi faussées. Soyons reconnaissants toutefois d'obtenir mieux, beaucoup mieux, que les 211 tonnes du rapport douanier.

Une opinion de M. Brenier, que je veux consigner ici, car elle est aussi juste et fondée pour le Cambodge que pour le reste de l'Indochine, c'est qu'il est plus intéressant, plus urgent, d'améliorer la culture des riz, c'est-à-dire leur qualité et leur valeur commerciale, que d'augmenter encore la surface des rizières. "Amélioration prime Extension" devrait être le mot d'ordre du Sud au Nord.

Le fascicule IX du même atlas dit, en ce qui concerne le commerce du Cambodge:

« Il est indispensable de se souvenir que la plus grosse partie du commerce du Cambodge passe par Saïgon. Il ne s'agit ici que du commerce direct ».

Et nous voyons pour 1912:

	Francs.
Importations............................	4.200.000 00
Exportations............................	1.400.000 00
Total......	5.600.000 00

total qui ramène aux mesures de l'atlas Chabert-Gallois, et qui représente à peu près le vingtième de notre maximum de valeur commerciale réelle, ou le quinzième, si l'on veut être très prudent.

La Cochinchine est inscrite (graphique n° 66) pour des chiffres, exactement contrôlés ceux-là, qui sont en 1912:

	Francs.
Importations..............	138.200.000 00
Exportations..............	142.800.000 00
Total........	281.000.000 00

En utilisant mes chiffres cambodgiens, que je crois sincères et exacts, nous pouvons rectifier, c'est-à-dire dégager de ces chiffres cochinchinois plus certains ce qui concerne le Cambodge "problé-matique":

IMPORTATIONS (1912)

ATLAS BRENIER

	Francs.	D'après moi en déduisant le Cambodge.	D'après moi: Cambodge:
Importations..	138.200.000 00	Cochinchine: 113 à 118 millions de francs.	20 à 25 millions de francs
Exportations..	142.800.000 00		
Total..	281.000.000 00		

EXPORTATIONS

	Francs: 97.800.000	Un tiers de la valeur des riz exportés de Cochinchine 74.672.591 francs, soit: 24.890.000 francs plus les autres exportations demeurant à peu près stables: 20.000.000 de francs. Total 45 millions de francs pour les exportations.
	Francs: 210 à 215 millions.	Commerce total du Cambodge:
En 1913, bonne année comme 1914, la sortie des riz fait plus que doubler, vaut 85 millions de plus qu'en 1912 et les chiffres deviennent:	Total en bonne année: 270 à 280 millions.	60 à 65 millions de francs en année médiore (1912) 90 à 95 millions en bonne année (1913-1914).

Le tableau de M. Brenier pour la Cochinchine permet d'admettre la sensible égalité habituelle entre l'importation et l'exportation. Mais il faut tenir compte — côté des entrées — de toutes les fournitures officielles, liées aux grands travaux, aux chemins de fer, aux usines, aux plantations, aux corps de troupes, dont le Cambodge n'a pas l'équivalent. Mon chiffre moyen 20 à 25 millions, comme puissance d'achat du Cambodge, tout en n'étant que le tiers à peu près de nos sorties les plus fortes, apparaît donc prudent, raisonnable, notre population, plus près de la nature, n'étant qu'un peu supérieure à la moitié de celle de la Cochinchine. Celle-ci, riche, consciente de bien-être, doit en réalité consommer, de produits divers importés, environ 80 millions, les trois quarts de ce qu'elle réalise par ses exportations personnelles.

Au surplus, les différentes maisons françaises de Phnôm-Penh, toutes, pour ainsi dire, succursales de celles de Saïgon, nous diraient les chiffres annuels moyens de leurs affaires, nous ajouterions ces montants aux 2 millions de francs qui faisaient, à peu près, le niveau de Speidel et Cie, que nous arriverions, je pense, au moins à 8 millions. J'évalue à 2 millions, encore, ce que réalisent par eux-mêmes, c'est-à-dire par importations directes (de France ou d'Angleterre), nos marchands indiens qui s'occupent de tissus. La différence, 10 à 15 millions, pour compléter le total que j'ai adopté, doit s'appliquer au commerce chinois, à la vente de la soie, du thé, des noix d'arec de Singapore, du vermicelle chinois, des porcelaines, des bijoux et de l'or battu en feuilles, des fils de lin et de coton, des sacs en jute, des médicaments asiatiques, du papier de culte et chinois, des jossticks et des pétards, en un mot à la consommation asiatique de tous les produits venus de Chine, de Singapore et même de l'Inde, que nos indigènes et divers habitants recherchent. J'y ajouterai la farine américaine, dont s'alimentent la plupart des boulangers, (fournisseurs aussi des indigènes), les légumes frais et les fruits, qui sont d'un apport constant et considérable.

Tous les articles que je viens de citer sont portés comme suit, pour toute l'Indochine, et pour 1913, au tableau douanier des importations:

	Piastres
Farines.......................	4.121.000 00
Café.............................	740.000 00
Vermicelle chinois....................	1.407.000 00
Fruits secs chinois....................	609.000 00
Noix d'arec.........................	4.540.000 00
Thé.............................	6.032.000 00
A reporter......	17.449.000 00

	Piastres.
Report.........	17.449.000 00
Médecines et médicaments..............	2.700.000 00
Légumes frais ou conservés.............	2.143.000 00
Or battu en feuille..................	8.449.000 00
Fer-blanc..........................	1.410.000 00
Porcelaines........................	1.345.000 00
Pétroles, huiles minérales.............	6.160.000 00
Fils..............................	2.084.000 00
Sacs de jute.......................	10.828.000 00
Tissus de soie......................	11.833.000 00
Papier de culte.....................	2.117.000 00
Papier chinois......................	2.984.000 00
Sucres raffinés.....................	2.039.000 00
Fils de coton.......................	2.710.000 00
Pétards...........................	1.673.000 00
Allumettes.........................	4.307.000 00
Total.........	80.231.000 00

Cette nomenclature laisse de côté le commerce français et européen (les fers, la quincaillerie, les tissus, les automobiles, bicyclettes, machines à coudre et machines quelconques, ciments, articles de lingerie et vêtements, parfumerie, produits alimentaires, laits et conserves, vins, bières et alcools, bimbeloterie, etc...). Mais, sur les 80 millions obtenus ainsi, est-il excessif d'admettre que 8 à 10 millions se rattachent au Cambodge, dont la population vaut le dixième du total indochinois, dont la puissance d'achat (ou de dépense) s'établit par les recettes des Régies suivant l'équation que je justifierai plus loin:

1 Cochinchinois = 2 Tonkinois et 1/5ᵉ = 2 1/2 Cambodgiens = 10 Annamites d'Annam. Et cela donnerait, en répartissant les 80 millions en question:

(Le Laos étant négligé) 80 millions divisés par 16 millions dégagent 5 francs par tête comme unité de puissance d'achat.

Quand un Cochinchinois dépensera 5 francs, un Tonkinois dépensera 2 fr. 25, un Cambodgien 2 fr. 15, un Annamite d'Annam 0 fr. 50.

Trois millions de Cochinchinois prennent alors, de 80 millions d'imports asiatiques:

	Francs.
Cochinchinois.......................	34.850.000 00
1.600.000 Cambodgiens.............	8.000.000 00
6 millions de Tonkinois..............	31.345.000 00
5 millions d'Annamites d'Annam.......	5.805.000 00
Total.........	80.000.000 00

Dix millions pour le commerce d'importation européen et indien, huit millions pour le commerce asiatique, cela laisse encore le Cambodge au-dessous des 20 à 25 millions de francs que j'attribue à sa valeur marchande réelle (je ne dis plus "statistique et douanière"). Mais ne peut-on tenir compte aussi de nos commerces et de nos industries purement locales pour faire sensiblement l'appoint de 2.000.000 de francs (pour un total de 20 millions), ou même de 7.000.000 pour 25 millions).

Dans l'appréciation de la valeur économique, marchande, de notre pays, pourquoi négliger les entrepôts et débits de bois de charpente, les briquetteries, les poissons consommés sur place et les divers produits spéciaux au pays, tels que le sucre du palmier thnôt (borassus flabelliformis), les fruits (pastèques, douriens, sapotilles), les gibiers, offerts sur les divers marchés de la capitale et des provinces? Est-il indifférent de noter que nos forêts rapportent au Gouvernement maintenant 485.000 piastres au lieu de 200.000 piastres il y a quelques années? Et ce rendement fiscal de leur exploitation ne signifie-t-il pas: « Valeur marchande » d'au moins 5 millions de francs?

Une banque se place devant tous ces éléments plus proches et plus lointains, exotiques et nationaux, pour mesurer la fortune et les mérites d'un pays, et y proportionner son rôle. Pourquoi des capitalistes, des particuliers, curieux de « savoir » enfin le Cambodge, pourquoi, j'ose ajouter, l'Administration supérieure, y compris le Ministre, n'entreraient-ils pas avec bienveillance, et justice, avec une intelligence d'économistes, dans un raisonnement semblable, réparateur et compensateur, de tous les oublis du passé?

* * *

Je ne veux pas qu'on dise pourtant que je parle en avocat davantage qu'en homme d'affaires, et que le sentiment ou l'imagination m'entraînent trop au delà des précisions strictes et raisonnables.

Un moyen nous reste encore — authentique parcequ'officiel — d'apprécier et contrôler la valeur financière et marchande du Cambodge. C'est le simple examen des tableaux de recettes de Douanes et de Régies que publie mensuellement le Gouvernement pour l'ensemble de l'Indochine. Là est, si l'on peut dire, le manomètre de la dynamique sociale en ce qui concerne les asiatiques. J'ai sous les yeux les résultats de toute l'année 1914, qu'a publiés l'officiel récemment.

Par les contributions indirectes et les régies, l'Administration a récolté au Cambodge, pendant cet exercice, 2.930.963 piastres. C'est 223.543 piastres de plus qu'en 1913, et une moyenne de 1 piastre 80 cents par habitant. La Cochinchine marque sa richesse, et surtout la consommation d'opium de ses nombreux et opulents chinois, par une recette "Régies" bien supérieure: 12.471.108 piastres, qui est d'ailleurs au-dessous de celle de 1913 de 1.276.774 piastres (10%). Et cela donne, pour trois millions d'habitants, en 1914, 4 piastres 15 cents par tête, deux fois et un tiers autant qu'au Cambodge. Il semble que cette proportion peut être transportée à peu près dans nos évaluations commerciales, sous réserve toujours du bloc spécial de richesse que représente la chinoiserie cochinchinoise; sous réserve aussi que la vieille colonie marque davantage qu'au Cambodge, dans ses opérations et ses consommations, la présence et l'influence de sa population blanche, laquelle, chez nous, n'a qu'une action presqu'inappréciable.

La Douane, en Cochinchine, pour les droits du tarif, a récolté 5.683.866 piastres, à peu près autant (avec 27.000 en moins) qu'en 1913, et le Cambodge a participé dans ce chiffre par ses exportations démarquées, pendant qu'à Phnôm-Penh il ne s'inscrit que pour 214.227 piastres, ce qui signifie presqu'exclusivement emport des bœufs et buffles vers Manille.

En 1913 la recette Douane au Cambodge avait été de 173.082 piastres seulement, précisément en raison des entraves mises à l'exportation de nos bœufs et buffles. En ajoutant ces 173.082 piastres aux 350.000 piastres environ que nos riz ont payé à la Douane à Saïgon, pour cette même année 1913; en tenant compte encore à peu près des droits supportés pour la sortie des poissons (300.000 piastres), des cotons en laine (60.000 piastres) et non égrenés (35.000 piastres), nous trouvons un ensemble de 870.000 piastres, qui est loin sans doute encore du montant réel de notre apport-Douane au Budget central, puisque bien d'autres éléments commerciaux s'ajoutent à ceux cités.

(Tous les droits prélevés sur les articles importés de l'étranger sont négligés en ce qui nous concerne).

Et par les Régies, le Cambodge, en 1913, a donné 2.707.420 piastres encore au Budget général, mieux que le dixième du total 23.252.000 piastres obtenu pour cet exercice 1913.

Les quote-parts "Douanes", rectifiées en conséquence, seraient alors, environ, de:

0$83 pour un Cochinchinois (proportion que l'apport de l'Annam peut réduire un peu);

0$62 pour un Cambodgien (1914, avec des recettes plus fortes ne modifie pas les raisonnements).

Une comparaison entre notre pays et l'Annam fait, par contre, ressortir la misère de celui-ci.

Son chiffre Douanes, avec 537.912 piastres en 1914 (494.900 piastres en 1913) ne signifie pas grand'chose, puisque le pays est, mis à un moindre degré que nous cependant, aspiré commercialement par la Cochinchine et le Tonkin. Son cabotage est de 70 millions de francs en 1913 et de 65.800.000 en 1914, mais ce mouvement signifie surtout un va-et-vient entre les ports d'Annam.

Les recettes en ce pays des contributions indirectes et des régies, 2.008.411 piastres pour 1914, (en égalité sensible avec le chiffre de 1913), marquent bien la précarité de l'existence, la faiblesse d'achat des habitants, puisque ceux-ci, au nombre de cinq millions (d'après l'atlas Brenier) n'apportent alors à l'État que 0 $ 40 par tête (pour une surface, il est vrai, inférieure de 25.000 kilomètres carrés à celle du Cambodge). Un de nos indigènes est donc d'un rendement 4 fois 1/2 supérieur au point de vue des Régies.

Les six millions d'habitants du Tonkin (105.000 kilomètres carrés) laissent à la Douane 2.292.864 piastres, donnent aux Régies et contributions indirectes 11.483.158 piastres, soit 1 $ 90 par tête, et la recette de 1914 est supérieure de 2.938.602 piastres (29 %) à celle de 1913. Là se mesure (dans de tels écarts) l'effet des catastrophes naturelles et climatériques: inondations, sécheresses, typhons, auxquelles est de même soumis l'Annam. Et le Cambodge ignore presque de pareils risques, n'est éprouvé parfois que par l'irrégularité des pluies.

A ne considérer que les Régies (qui sont base plus certaine), et pour cette année 1914, nous pouvons donc poser l'équation:

1 Cochinchinois (4 $ 15) = 2 Tonkinois et 1/5e = 2 1/3 Cambodgiens = 10 Annamites d'Annam.

Le Cambodge, cependant, va détenir sans doute le record du gonflement et de la pléthore pour sa caisse de réserve: aux 582.000 piastres laissées par 1913, l'année 1914 doit incessamment ajouter bien plus d'un million de piastres (1.200.000 à 1.300.000).

J'estime qu'il n'y aura lieu de se féliciter d'une si forte épargne qu'autant qu'on l'emploiera bien vite à des bienfaits sociaux et à des progrès dans la mise en valeur du pays, par des travaux publics d'intérêt populaire. Le Gouvernement général et la France puissent-ils voir aussi là, enfin, des titres à de sérieuses attributions d'emprunt. Nous n'avons en effet que le néant chez nous à opposer, pour le moment, aux:

1.352 kilomètres de chemins de fer du Tonkin + 67 kilomètres en tramways;

175 kilomètres d'Annam central + 27 kilomètres en tramways;

536 kilomètres de Cochinchine et Annam Sud + 43 kilomètres en tramways.

La pénétration urgente d'un railway vers Battambang et Sisophone, tout à fait étudiée depuis longtemps par le Sud du Grand Lac, voie la plus courte, et préférable, s'accroche, et s'immobilise, dans une combinaison métropolitaine ayant pour objet le passage au Nord, et la pénétration Kratié, pays moï, à vingt-quatre heures de navigation au Nord de Phnôm-Penh, alors injustement sacrifié.

Une connaissance exacte du Cambodge, de ses ressources acquises et possibles, éviterait bien des erreurs et des injustices.

Notre budget pour 1915, en progression constante, alimenté, il est vrai, par un prélèvement de 600.000 piastres sur la caisse de réserve, se monte à 5.382.676 piastres, donne:

	Piastres.
Travaux neufs........................	1.154.000 00
Services d'Assistance médicale..........	232.666 00
Enseignement........................	214.239 00

Phnôm-Penh, la capitale, groupant presqu'un vingtième de la population du royaume, avec plus de 70.000 habitants, c'est-à-dire à égalité avec Saïgon, n'attend plus que les derniers progrès, de remblais et d'assainissement, tout à fait promis depuis trois ans, mais de réalisation lente et retardée, qui en feront la plus belle et la plus salubre des villes indochinoises. Son Budget se monte à présent à 551.874 piastres, celui de Saïgon est de un million de piastres. Cholon dispose de 915.000 piastres, avec 150.000 habitants, Hanoï de 682.000 piastres, avec 85.000 habitants, Haïphong de 357.000 piastres avec 50.000 habitants. Tout est encourageant dans ces constatations, et dans les rapprochements du royaume protégé avec les autres pays de l'Indochine.

Ce que j'ai voulu établir dans cet " Essai économique ", et ce que je crois avoir suffisamment démontré — en laissant à tous les bons vouloirs, à toutes les compétences, l'occasion de s'exercer sur les mêmes questions, la faculté de me compléter et de me corriger — c'est que le Cambodge ne tient pas encore, au soleil colonial et français, la place à laquelle lui donnent droit des mérites incontestables, anciens déjà, faciles à établir, impossibles à méconnaître, et qui font de lui, relativement, le pays le plus riche sans doute de l'Indochine. Assurément il ne manque à la Terre khmère que d'être connue davantage, pour qu'elle cesse enfin d'être la Cendrillon de notre Extrême-Orient français.

Je crois d'ailleurs que le défenseur qualifié de notre présent et de notre avenir, son avocat le plus efficace, c'est notre Résident supérieur. Et je ne suis qu'un éclaireur sur la route de la justice, de l'intérêt général bien compris et des réalisations équitables et définitives.

Phnôm-Penh, le 20 février 1915.　　　　Ch. GRAVELLE.

www.ingramcontent.com/pod-product-compliance
Lightning Source LLC
Chambersburg PA
CBHW070803220326
41520CB00053B/4756